BOEKANALYSE

AF125935

A Confederacy of Dunces

· · · · · · · · · · · · · ·

JOHN KENNEDY TOOLE

BOEKANALYSE

Geschreven door Natalia Torres Behar
Vertaald door Nikki Claes

A Confederacy of Dunces

John Kennedy Toole

JOHN KENNEDY TOOLE

AMERIKAANSE SCHRIJVER

- **Geboren in New Orleans in 1937.**
- **Overleden in Biloxi (Mississippi) in 1969.**
- **Literaire prijzen:**
  - Pulitzer Prize for Fiction, 1981 (voor *A Confederacy of Dunces*; postuum toegekend)
- **Opmerkelijke werken:**
  - *A Confederacy of Dunces* (1980), roman
  - *The Neon Bible* (1989), roman

John Kennedy Toole groeide op in een middenklasse omgeving die hem weinig mogelijkheden bood om zijn creativiteit uit te oefenen en hem vaak een verstikkend gevoel gaf. Zijn moeder kon hem niet helpen deze problemen te overwinnen en hij had een complexe relatie met haar: hoewel ze erg close waren, werd hun relatie gekenmerkt door conflicten en afwijzing. Toch was zij degene die hem voor het introduceerde in de wereld van kunst en literatuur door hem in te schrijven in een cursus komisch theater.

Kennedy Toole ging later naar de Tulane University, waarna hij Engels ging studeren aan de Colombia University. Hij gaf ook les aan verschillende universiteiten en werd redelijk gerespecteerd in de academische wereld. Zijn carrière werd echter onderbroken toen hij in militaire dienst moest en naar Puerto Rico werd uitgezonden, hoewel hij daar Engelse literatuur bleef doceren.

Na het voltooien van *A Confederacy of Duntes* diende Kennedy Toole het manuscript in bij een aantal uitgevers, maar het werd telkens afgewezen. Hierdoor voelde Kennedy Toole zich depressief, paranoïde en buitengesloten van de literaire wereld, en hij besloot door de Verenigde Staten te reizen. Na aankomst in Biloxi, Mississippi, pleegde hij zelfmoord door een slang aan te sluiten op de uitlaat van zijn auto en de koolmonoxide in te ademen.

Een decennium later gaf zijn moeder een kopie van het manuscript van *A Confederacy of Dunces* aan uitgever Walker Percy, zoals hij vertelt in zijn voorwoord bij de roman:

> *"Maar de dame was volhardend, en op de een of andere manier kwam het zover dat zij in mijn kantoor stond en mij het lijvige manuscript overhandigde. Er was geen ontkomen aan; er bleef maar één hoop over – dat ik een paar bladzijden kon lezen en dat die slecht genoeg zouden zijn om naar eer en geweten niet verder te lezen.*
>
> *[…]*
>
> *In dit geval lees ik verder. En verder. Eerst met het zinkende gevoel dat het niet slecht genoeg was om te stoppen, dan met een prikkeling van interesse, dan een groeiende opwinding, en tenslotte een ongeloof: het was toch niet mogelijk dat het zo goed was." (blz. vii-viii)*

Kennedy Toole's moeder was dan ook degene die hem uiteindelijk tot roem katapulteerde.

👁 VROEGE INSPANNINGEN

Kennedy Toole heeft slechts één andere roman geschreven: *The Neon Bible*. Het speelt zich af in een gewoon Amerikaans stadje tijdens de Tweede Wereldoorlog, en draait om een teruggetrokken tiener die bij zijn moeder en tante woont. Alle mannen in het stadje zijn vertrokken om in de oorlog te vechten, en alle vrouwen zijn in de fabrieken gaan werken. Alle mannen die terugkomen van de oorlog worden religieuze fanatici of alcoholisten, en de hoofdpersoon probeert aan dit leven te ontsnappen.

Kennedy Toole kreeg een hekel aan deze roman, die hij buitensporig jeugdig vond, en heeft nooit een serieuze poging gedaan om hem gepubliceerd te krijgen. Hoewel *A Confederacy of Dunces* algemeen wordt beschouwd als zijn meesterwerk, verdient *The Neon Bible* ook kritische erkenning.

A CONFEDERACY OF DUNCES

EEN VERHAAL OVER DE ONDERBUIK VAN DE SAMENLEVING

- **Genre:** picareske roman

- **Referentie uitgave:** Kennedy Toole, J. (1987) *A Confederacy of Dunces*. New York: Grove Weidenfeld.

- **1e editie:** 1980

- **Thema's:** vervreemding, armoede, werk, politiek

A Confederacy of Dunces is een fascinerend ongewone roman. Het was zo uniek voor zijn tijd dat Walker Percy zelfs commentaar leverde op de verantwoorde manier waarop het raciale spanningen aanpakte, waarbij stereotypen en de tegenstrijdige standpunten over deze kwesties die politieke landschap van het land nog steeds teisterden, werden vermeden.

De hoofdpersoon van de roman is Ignatius J. Reilly, een excentrieke, opzichtige figuur die in New Orleans woont. Hij gelooft blindelings in de voordelen van een monarchie als regeringssysteem en in de middeleeuwse filosofie en beschouwt zichzelf daarom als een bastion van moraal. Hij maakt voortdurend ruzie met zijn moeder, die hem allerlei ondergeschikte baantjes laat aannemen, waarbij zijn onverbiddelijke morele overtuigingen hem ertoe brengen zijn werkgevers en collega's te beïnvloeden, te ergeren en te minachten.

Uiteindelijk wordt de cyclus van confrontaties die Ignatius' leven is gaan bepalen onhoudbaar, wat een duidelijk effect heeft op zowel zijn fysieke verschijning als zijn overtuigingen.

SAMENVATTING

EEN DECADENT FEEST IN NEW ORLEANS

Ignatius J. Reilly wacht geduldig tot zijn moeder klaar is met haar boodschappen als een politieagent genaamd Angelo Mancuso hem plotseling begint te ondervragen, omdat Ignatius' komische jachtmuts, belachelijke snor en enorme zwaarlijvigheid hem verdacht maken. Ignatius wordt gered door Claude Robichaux, een door het communisme geobsedeerde oudere man, die denkt dat de politieman Ignatius lastigvalt en hem aanvalt. Even later arriveert Ignatius' moeder Irene, en de twee vertrekken terwijl Mancuso Robichaux arresteert.

De Reilly's belanden in een stripclub genaamd Night of Joy. Ze maken kennis met Darlene, een van de serveersters die er werkt, en haar tirannieke baas Lana Lee, en maken een praatje met beide vrouwen. Ignatius' aanwezigheid zorgt er echter voor dat de andere klanten van de bar zich erg ongemakkelijk voelen, omdat hij blijft boeren en erg stinkt.

Na het verlaten van de bar gaan Ignatius en Irene op zoek naar hun auto te midden van alle drukte van New Orleans, waar de broeierige straten vol zitten met dronkaards en feestgangers in vol ornaat. Ze vinden de auto en Irene stapt in de bestuurdersstoel, maar ze heeft teveel gedronken en crasht de auto voor een gebouw. De eigenaar komt naar buiten om tegen de Reilly's te schreeuwen, maar Mancuso komt ter plaatse en weet de situatie te bezweren voordat het nog erger wordt. Hij vertelt hen echter dat ze de eigenaar moeten betalen voor de schade.

 ## DE ACHTERGROND

A Confederacy of Dunces is geprezen om meer dan alleen zijn komische accenten; het wordt ook algemeen beschouwd als een uitzonderlijk uitgebreid overzicht van alle sociale groepen die in New Orleans wonen en hun unieke manier van spreken, aangezien de roman personages bevat van onder andere politieagenten, arbeiders, prostituees en mensen uit de zwarte, Italiaanse, Ierse en Latino gemeenschappen van de stad. De epigraaf van de roman beweert zelfs dat New Orleans meer gemeen heeft met de kuststeden aan de Middellandse Zee dan met steden als New York. Hoewel het niet het hoofdonderwerp van de roman is, speelt het kosmopolitische en multiculturele karakter van de stad er toch een belangrijke secundaire rol in.

DE BESCHERMHEILIGE VAN VERLOREN ZAKEN

Nu het gezin met een grote schuld is opgezadeld, zegt Irene tegen haar zoon dat hij een baan zal moeten zoeken. Ignatius weigert aanvankelijk, omdat hij vindt dat hij beter geschikt is voor spiritualiteit, intellectualisme, schrijven en televisiekijken dan voor een normale baan, maar uiteindelijk stemt hij toe en gaat hij op zoek naar werk. Uiteindelijk krijgt hij een baan bij Levy Pants, een bedrijf dat spijkerbroeken produceert. Ignatius' baan bestaat uit het beheren van de bedrijfsarchieven, maar hij begint ook aan een ethische kruistocht om de werkwijze van het bedrijf te verbeteren. Het bedrijf wordt voornamelijk geleid door Gonzalez, een middelmatige maar punctuele kantoormanager, en Miss Trixie, een excentrieke secretaresse, terwijl de eigenaar vrijwel geen betrokkenheid toont. Ignatius probeert de zwarte fabrieksarbeiders over te halen te protesteren tegen de baas, de heer Levy, en overtuigt hen uiteindelijk door voor hen een belachelijke dans op te voeren. Ook stuurt hij een brief vol beledigingen naar een van de leveranciers van het bedrijf en vervalst de handtekening van de heer Levy onderaan de brief. Ondertussen vernemen de werknemers dat Ignatius ooit een aanvaring met de politie heeft gehad en verliezen het vertrouwen in hem, zodat het protest wordt afgelast. Kort daarna wordt Ignatius ontslagen.

Op dat moment verneemt de lezer dat Ignatius tijdens zijn studie een vreemde relatie had met de linkse joodse vrouw Myrna Minkoff. Paradoxaal genoeg werd hun relatie gevoed door hun volkomen tegengestelde wereldbeeld, maar er kwam uiteindelijk een einde aan: Myrna is nu activiste en woont in New York, terwijl Ignatius nog bij zijn moeder woont en zich steeds meer terugtrekt. Ignatius wil Myrna provoceren, dus stuurt hij haar brieven waarin hij vertelt dat hij een arbeidersprotest leidt.

HET RAD VAN FORTUIN

Mancuso's superieuren beschimpen hem nadat hij Robichaux heeft gearresteerd, en hij moet zich verkleden in belachelijke kostuums (zoals de kerstman) en door de stad zwerven om delinquenten aan te trekken en te vangen. Na het ongeluk raakt Irene bevriend met de politieagent en zijn tante, Santa Battaglia. Ignatius vindt deze relatie giftig, want als ze samen gaan bowlen drinken ze veel en blijven ze uit tot in de vroege uurtjes. Bovendien keurt Santa Ignatius af omdat ze vindt dat hij misbruik maakt van Irene.

Maar als zijn moeder hem vraagt de politieagent een exemplaar van zijn lievelingsboek te lenen, stemt Ignatius toe. Het boek in kwestie is *De Troost van de Filosofie* van Boethius (Romeins filosoof, ca. 480-524), en gaat over de overtuiging van de auteur dat de wereld tegen hem is.

 EEN MIDDELEEUWSE MAN

Ignatius' persoonlijke filosofie is volledig gebaseerd op een complex middeleeuws denksysteem, en leunt vooral zwaar op de geschriften van Boethius. Het typische middeleeuwse beeld van het Rad van Fortuin komt dan ook vaak voor in het boek, en wordt afgeschilderd als een machtige kracht die onverbiddelijk verder draait terwijl de mens is overgeleverd aan zijn grillen.

Fig. 1 – Het Rad van Fortuin

Een jonge zwarte man genaamd Jones wordt vrijgelaten uit de gevangenis en begint te werken bij de Night of Joy. Hoewel hij vindt dat hij onderbetaald wordt voor zijn werk als schoonmaker, heeft hij het gevoel dat hij geen andere keuze heeft dan zijn baan te houden, omdat hij bedreigd wordt door de politie. Jones besluit uit wraak de zaak te saboteren en begint het komen en gaan van de bar nauwlettend in de gaten te houden. Hij komt er al snel achter dat Lana Lee, de eigenaresse, betrokken is bij duistere zaakjes: hij ziet haar verdachte pakjes overhandigen aan een man genaamd Gus, en hoewel ze zegt dat het is om weeskinderen te helpen, gelooft Jones haar niet. Gus ontmoet Mancuso in een treinstation en steelt *De Troost van de Filosofie* van hem.

PIRATEN EN HOTDOGS

Nu hij zijn baan bij Levy Pants kwijt is, komt Ignatius opnieuw onder vuur te liggen van zijn moeder en gaat hij opnieuw op zoek naar werk. Hij vindt een andere baan en verkoopt hotdogs vanuit een straatkar voor een bedrijf genaamd Paradise Vendors, waarvoor hij zich moet verkleden als piraat, compleet met plastic zwaard, rode hoofddoek en gouden oorbel. Het Rad van Fortuin draait door, en Ignatius begint aan te komen omdat hij alle hotdogs opeet, waarna zijn chef hem ervan beschuldigt onhygiënisch te zijn omdat hij de gewoonte heeft katten te aaien terwijl hij werkt. De opzichter geeft hem uiteindelijk nog een kans, maar vertelt Ignatius dat hij voortaan in de rosse buurt van de stad moet werken. Gus, de man met wie Lana Lee zaken doet, merkt op dat Ignatius' karretje perfect zou zijn om hun pakjes in te bewaren. Ignatius stemt ermee in de pakjes te vervoeren, maar eist betaling, en is enorm ontroerd als hij ziet dat Gus een exemplaar heeft van *De Troost van de Filosofie* (dat eigenlijk zijn eigen exemplaar is van het boek dat Gus heeft gestolen). Op dat moment breekt een van de pakjes, waaruit blijkt dat Gus een verkoper van pornografie is. Ignatius wordt verliefd op een van de vrouwen op de foto's, die eruitziet als een universiteitsprofessor die gedwongen is te strippen. Ignatius eist dat Gus hem voorstelt aan de professor, en Gus zegt dat ze bij Night of Joy werkt. Ignatius zweert onmiddellijk dat hij haar zal redden uit de amorele hel waarin ze leeft.

EEN LAATSTE DRAAI AAN HET WIEL

Later overtuigt Ignatius zichzelf ervan dat hij Myrna zal kunnen provoceren door een politieke partij op te richten die uitsluitend uit homoseksuele mannen en vrouwen bestaat en de volgende verkiezingen zal winnen. Myrna neemt echter gewoon aan dat Ignatius zelf homo is, en de politieke bijeenkomst wordt een ramp omdat de aanwezigen denken dat het gewoon een feestje is en Ignatius eruit gooien.

Ignatius gaat naar Night of Joy, en wordt gevolgd door een mysterieuze man met een hoed die ook bij de rally was. Jones, die nu als portier en acteur werkt, laat hem binnen, hoewel Lana Lee achterdochtig is. Ignatius is teleurgesteld als hij merkt dat de actrice op het podium niet de vrouw is die hij hoopte te zien, maar Darlene. De show komt tot een abrupt einde wanneer een exotische vogel verstrikt raakt in Ignatius' gouden oorbel, waardoor hij zo schrikt dat hij de controle verliest, de tafels omgooit, uit het gebouw stort en door een bus wordt aangereden. Op dat moment wordt onthuld dat de man met de hoed Mancuso is. Jones beseft dat dit zijn kans is om wraak te nemen, en zegt tegen Mancuso dat hij in het compartiment van de hotdogkar moet kijken waar de pornografie verborgen is.

WEDERGEBOORTE

Ignatius herstelt van het ongeluk en verneemt dat hij nogal berucht is geworden, wat zijn moeder uiterst gênant vindt; een foto van Ignatius die gespreid op de stoep ligt, is zelfs in verschillende kranten verschenen. Rond dezelfde tijd wordt de brief ontdekt die Ignatius schreef aan de leverancier van Levy Pants, en de leverancier klaagt het bedrijf aan voor een half miljoen dollar. Meneer Levy is er zeker van dat het Ignatius was die de brief echt schreef en beschuldigt hem er openlijk van, maar tot zijn verbazing Ignatius en zegt het eigenlijk de halfgekke Miss Trixie was die de brief stuurde. De oude vrouw is zo in de war dat ze de beschuldiging niet ontkent. Hoewel meneer Levy weet dat dit verhaal niet waar is, beseft hij dat alle betrokkenen er baat bij hebben, omdat juffrouw Trixie zo haar droom om met pensioen te gaan kan vervullen, terwijl de schuld toch wordt kwijtgescholden en Ignatius niets overkomt.

Irene is moe en bezorgd over haar zoon, en wil Ignatius opnemen in een gesticht. Hij beseft echter wat ze van plan is en begint plannen te maken om te ontsnappen. Gelukkig arriveert Myrna net op dat moment, omdat ze een voorgevoel heeft dat alles fout gaat. Ignatius stapt in Myrna's auto, en ze rijden weg net als de ambulance van het gesticht arriveert. Ignatius voelt zich tevreden.

KARAKTERSTUDIE

A Confederacy of Dunces brengt een fascinerende cast van personages samen die het best omschreven kunnen worden als antihelden, die in smerige appartementen wonen en hun tijd doorbrengen met rondsluipen in de straten van New Orleans. Deze vreemde personages hebben weinig weg van traditionele literaire hoofdpersonen: het zijn geen mooie, intelligente helden, maar het uitschot van de maatschappij.

IGNATIUS J. REILLY

Ignatius is een enorme man die onmiddellijk opvalt waar hij ook gaat:

> *"Een groene jachtmuts drukte de top van de vlezige ballon van een hoofd. De groene oorkleppen, vol met grote oren en ongeknipt haar en de fijne haren die in de oren zelf groeiden, staken aan weerszijden uit als richting-aanwijzers die twee richtingen tegelijk aangaven. Volle, samengetrokken lippen staken uit onder de borstelige zwarte snor en zakten in hun hoeken weg in kleine plooien vol afkeuring en chipskruimels." (p. 1)*

Ignatius tart elke beschrijving. Hij is een postmoderne Don Quichot, een held met oogkleppen op die absoluut gelooft in en zich inzet voor zijn bizarre idealen, een hofleverancier van het belachelijke met een talent voor dansen en vermomming, een enorme veelvraat met een scherpzinnige geest, een vriend van de verschoppelingen en een vijand van de moderniteit. In zekere zin belichaamt hij het beste en het slechtste van het leven in de 20e eeuw: hij leest theologische verhandelingen en kijkt met dezelfde vurige aandacht naar het tv-programma Yogi Bear; hij is evenzeer in staat stakingen voor zwarte arbeiders te organiseren als de morele decadentie van het tijdperk waarin hij leeft te hekelen. Zijn persoonlijkheid zit vol tegenstrijdigheden en de chaotische werking van zijn geest is tegelijkertijd angstaanjagend en boeiend. Het enige waar we zeker van kunnen zijn is dat hij voortdurend boert en dat hij tegen het fascisme is – hij is niet de held die we verdienen, maar de held die we nodig hebben.

IRENE REILLY

Ignatius' moeder zijn is geen gemakkelijke taak, en het heeft Irene gedesillusioneerd en fatalistisch gemaakt. Ze smeekt Ignatius voortdurend zijn houding te veranderen en is praktisch geobsedeerd door zijn welzijn, ook al mishandelt hij haar. Op het eerste gezicht lijkt Irene een typische huisvrouw, maar in werkelijkheid is ze door de dood van haar man en haar angst voor wat anderen van haar denken een omhulsel van zichzelf geworden. Ze is eenzaam en bewaakt haar weinige vriendschappen angstvallig. Hoewel zij en Ignatius close zijn, is hun relatie duidelijk giftig voor beiden.

MYRNA MINKOFF

Het grootste deel van de roman leren we Myrna alleen kennen via de emotionele brieven die ze aan Ignatius schrijft, waarin ze hem smeekt te kiezen voor een vrijere levenswijze en zich te bevrijden van de provinciestad waarin hij woont en van zijn relatie met Irene. Aangezien de roman is geschreven tijdens de begindagen van de hippiebeweging, kan Myrna's karakter worden geïnterpreteerd als de belichaming van alle invloeden van die tijd en de kracht van een aantal ongelijksoortige bewegingen uit het midden van de eeuw, waaronder de burgerrechtenbeweging, psychoanalyse en linkse economie.

Myrna is Joods en zeer vrijgevochten, en fungeert als tegenpool van Ignatius. Zijn reactionaire opvattingen en obsessie met ethiek staan in contrast met Myrna's liberalisme, waardoor zij een nieuwe start heeft kunnen maken in New York, omringd door beatniks en studenten uit de hele wereld, en daar het geluk heeft kunnen vinden. Zij vullen elkaar echter aan omdat zij beiden vurige revolutionairen zijn die boven alles de domheid en de middelmatigheid van de maatschappij waarin zij leven verachten.

BURMA JONES

Burma Jones vertegenwoordigt de verschoppelingen en de armste leden van de samenleving in New Orleans. Hij is het slachtoffer van politiegeweld en verdrinkt zijn verdriet in de meest beruchte bars van de stad. Zoals veel van de meest vertrapte mensen in de samenleving wordt Jones zwaar onderbetaald, en hij is nog slechter af dan de meesten door de gelaagde onderdrukking waarmee hij te maken heeft: terwijl ook arme blanke mensen in het hele boek lijden, zijn Jones' opties als zwarte man beperkt tot werken onder erbarmelijke omstandigheden of gevangenschap. Zijn personage valt ook op door het dialect dat hij spreekt en dat eigen is aan de inwoners van New Orleans.

MANCUSO

Geen van de personages in *A Confederacy of Dunces* is immuun voor ontberingen, zelfs niet de leden van de politie. Mancuso is een gewone politieman die voortdurend belachelijk wordt gemaakt door zijn superieuren, die hem dwingen zich te verkleden in belachelijke kostuums om delinquenten te vangen, waardoor hij niet meer is dan een van de vele rariteiten van de stad. Hij is toegewijd aan zijn werk, maar is niet al te slim, en past daarom perfect bij de hordes dwazen die de maatschappij bevolken.

DARLENE

Darlene droomt ervan exotisch danseres te worden, maar haar huidige baan is niets opwindender dan serveerster. Ze is goedhartig en wordt voortdurend gekleineerd door haar werkgever, Lana Lee. Ze is een ongewoon personage, omdat ze ervan droomt een sekswerker te worden die het voorwerp is van constante mannelijke aandacht, maar deze droom wordt nooit gerealiseerd. Net als de andere personages is Darlene diep ongelukkig omdat ze is afgewezen door de maatschappij, want ze wil begeerd worden maar wordt door niemand begeerd.

ANALYSE

FORMULIER

Een picareske roman

A Confederacy of Dunces wordt verteld door een afstandelijke derde persoon die zich niet te veel inleeft in de personages. De afstandelijke toon van de verteller geeft de lezer een objectieve kijk op de vreemde werkelijkheid waarin deze personages leven, en de droogte van deze toon dient om de humoristische accenten van de roman te benadrukken. Zo worden de strijd tussen Ignatius en zijn chef bij Paradise Vendors en de belachelijke dans die hij uitvoert voor de zwarte arbeiders van Levy Pants beide met volstrekte onverschilligheid beschreven.

Door deze episodes kan het boek worden geclassificeerd als een picareske roman, die nauw verbonden is met de Spaanstalige literatuur. Het genre van de picareske fictie ontstond als reactie op de serieuze, highbrow literatuur die tijdens de Renaissance overheerste, en heeft meestal personages uit de lagere klassen van de samenleving die erin slagen hun werkgevers op te lichten. In feite is de werkplek een veel voorkomende omgeving voor picareske verhalen. Er zit ook veel humor in die verband houdt met lichaamsfuncties: de personages laten voortdurend scheten, braken, eten, vallen, vechten en boeren. Dit soort humor is nog steeds populair in allerlei komische films en tv-shows.

Picareske literatuur wordt vaak gezien als vulgair, maar speelt in feite een belangrijke rol bij het belichten van de gewone mensen die zo vaak worden vergeten of aan de kant worden gezet, en geeft sociale hiërarchieën op een zeer originele manier weer. In feite kunnen picareske romans worden geïnterpreteerd als een kritiek op elitisme en de ongelijke verdeling van politieke en economische macht.

A Confederacy of Dunces heeft ook deze structuur en toon: het zich op personages die de laagste posities in de samenleving innemen en laat zien dat deze mensen geen enkele kans op sociale mobiliteit hebben. Zo heeft geen van de politieke pogingen van Ignatius succes, en zelfs wanneer de personages kleine overwinningen boeken, verandert hun leven niet: ze zijn nog steeds berooid en niet in staat zich te ontworstelen aan het klassensysteem dat hen onder de voet loopt.

Met andere woorden, de roman mengt naadloos komedie en tragedie. Hoewel de personages zelf amusant zijn, en hun lichaamsfuncties worden gebruikt als clou voor veel van de grappen in de roman, eindigt hun verhaal tragisch. In pure komedie, een genre dat teruggaat tot de oudheid, krijgt de hoofdpersoon traditioneel een happy end. Dit is echter niet noodzakelijk het geval in picareske fictie, die meestal de cirkel rond maakt en eindigt met de personages nog steeds gevangen in hun ellendige leven.

Een gelaagd verhaal

De algemene structuur van *A Confederacy of Dunces* is redelijk vergelijkbaar met *The Consolation of Philosophy*. Beide boeken bevatten hoofdstukken die zijn onderverdeeld in subhoofdstukken, en volgen een aantal verschillende plotlijnen die uiteindelijk samenkomen in een einde dat de lezer op het puntje van zijn stoel houdt. Sommige hoofdstukken gaan bijvoorbeeld uitsluitend over Jones en zijn oneerlijke werkomstandigheden, terwijl andere zich richten op Darlene en haar dromen. Dit geeft vorm aan de wereld waarin de personages leven door er een aantal complementaire perspectieven op te bieden.

Ons begrip van de personages en hun handelingen wordt echter ook gevormd door de andere teksten die door de roman heen staan. Het verhaal wordt niet alleen verteld door de afstandelijke stem van de verteller, maar ook door de brieven van Ignatius en Myrna, die de lezer meer inzicht geven in hun relatie en hun individuele overtuigingen, en ons meer laten weten over Myrna's politieke activiteiten en het soort gesprekken dat het echtpaar voerde.

A Confederacy of Dunces bevat ook fragmenten van de roman die Ignatius schrijft, die *The Journal of a Working Boy heet* en vooral bestaat uit opruiende opmerkingen over de maatschappij waarin hij leeft. Het is zowel een humoristisch boek dat de absurditeiten van de arbeidswereld beschrijft als een weerspiegeling van de manier waarop Ignatius denkt, en het laat de lezer zijn wereldbeeld verkennen. Deze *mise en abyme* (een verhaal dat wordt verteld in de context van een bredere vertelling en elementen van de plot weerspiegelt) zou daarom kunnen worden omschreven als het zenuwcentrum van de roman.

Verder zijn ook passages uit *De Troost van de Filosofie* en andere klassieke boeken in de roman opgenomen, wat ons enig inzicht geeft in Ignatius' literaire smaak. Ignatius bespreekt ook een aantal films en tv-programma's die in die tijd populair waren (en maakt ze vaak belachelijk), wat een andere structurele techniek is waardoor de lezer zijn ethische, middeleeuwse binnenwereld kan begrijpen. Deze roman gaat verder dan een eenvoudige beschrijving van de handelingen van het personage en laat de lezer zich onderdompelen in zijn ideologie en denkwijze.

THEMA'S

Vervreemding en armoede

De settings in *A Confederacy of Dunces* zijn meestal claustrofobisch en vol rommel, die meestal afval is van een andere wereld waar de personages nooit een voet in hebben gezet:

> *"Miss Trixie's appartement was ingericht met restjes, met rommel, met stukjes metaal, met kartonnen dozen. Ergens daaronder stonden meubels. De oppervlakte echter, het zichtbare terrein, was een landschap van oude kleren en kratten en kranten. Er was een doorgang door het midden van de berg, een open plek tussen het afval, een smal gangpad van een heldere vloer […]" (p. 371)*

De personages in deze roman leven niet alleen in armoede: ze stapelen die op. Hun bezittingen zijn waardeloos en kunnen niet worden ingeruild voor iets beters. Wat deze personages ook doen, ze zijn verslagen: de meesten van hen zijn werkloos, en degenen die een baan hebben werken onder erbarmelijke omstandigheden voor een karig loon. De stad lijkt geteisterd door ellende, en niemand kan ontsnappen aan het onverbiddelijke begin van het verval.

De armoede waarin de personages leven gaat gepaard met vervreemding. De meeste personages zijn in de greep geraakt van alcohol, televisie, films of onderbetaalde banen, en

leiden een eenzaam leven in hun smerige kamers of appartementen met bijna niemand om mee te praten – en de weinige
gesprekken die ze wel voeren, ontaarden al snel in gekibbel.
In feite is hun enige echte communicatie met anderen door
middel van technologie zoals telefoons, televisies en
bioscoopschermen.

Werk

Ignatius weigert te werken totdat zijn moeder hem daartoe
dwingt, en zelfs dan vraagt hij zich af waarom hij niet gewoon
kan gaan zitten en urenlang kan schrijven. De enige baantjes
die hij kan vinden hebben karige salarissen en het werk is
geestdodend repetitief. In feite verwerpt de roman het idee
dat werk ooit schoon, eerlijk of geestelijk stimulerend kan
zijn; integendeel, werk wordt voorgesteld als niet meer dan
een val waar we door onze ouders, onze bazen en de wet in
worden gedwongen.

Bovendien is geen van de personages in staat om werk te
gebruiken als middel om te ontsnappen of om zich in een
meer bevoorrechte positie te manoeuvreren: het enige wat
hun werk hen biedt is een middel om te overleven. Ignatius
verdient slechts een paar dollar per dag en Jones moet
genoegen nemen met een baantje als schoonmaker in zijn
eigen wijk, omdat hij niet kan ontsnappen aan de beperkin-
gen van de stad.

Er is ook geen ontkomen aan protesten of aansluiting bij
politieke partijen. Wanneer Ignatius probeert een staking
voor de fabrieksarbeiders te organiseren, bereikt hij niets
anders dan zijn eigen ontslag en spot. Hij beseft dat het

organiseren van ellende tot niets leidt, omdat er niets meer gedaan kan worden nadat alle werknemers al ontslagen zijn.

De roman laat ook zien hoe moeilijk het is om een literaire carrière te beginnen, want Ignatius verdient nooit geld met zijn intelligente manuscripten. Ook Darlene verdient nooit geld als stripper, waaruit blijkt dat noch intelligentie noch fysieke dapperheid wordt beloond in de donkere straten van New Orleans.

Politiek

Het meest eigenzinnige aspect van Ignatius' denkwijze is zijn politieke visie. Net als zijn religieuze opvattingen – hij is een vroom katholiek die de paus haat – zijn zijn politieke opvattingen een wirwar van tegenstrijdige standpunten. Hij merkt vaak op dat zijn voorkeur uitgaat naar een monarchie, maar bij andere gelegenheden lijkt hij fel links te zijn, en in plaats van terug te verlangen naar het feodalisme dat gewoonlijk met monarchie wordt geassocieerd, steunt hij de vakbondsbewegingen die door de zwarte bevolking van New Orleans zijn georganiseerd. Evenzo probeert hij, in plaats van de strikte leer van de katholieke kerk nauwgezet te volgen, een politieke partij voor homo's en lesbiennes op te richten.

Ignatius doet er alles aan om te provoceren – hij sluit zich zelfs aan bij Myrna, die uiterst liberaal is, zodat hij zijn reactionaire ideeën gemakkelijker kan verspreiden. Zijn politieke overtuigingen zijn bovenal anti-establishment: hij wil het onrecht, de corruptie en de idiotie waarop de moderne maatschappij is gebaseerd vernietigen. Het grootste deel van zijn ideologie is gebaseerd op het idee dat de maatschappij een hol van consumptiedrang is geworden, en dat mensen daardoor niet meer de moeite nemen om verstand en intelligentie te cultiveren.

VERDERE REFLECTIE

ENKELE VRAGEN OM OVER NA TE DENKEN...

- Wat is de betekenis van de kostuums in *A Confederacy of Dunces*?

- Schrijf een samenvatting van *The Journal of a Working Boy*.

- Als u Ignatius zou moeten interviewen, welke vragen zou u hem dan stellen?

- Aangezien er vaak vergelijkingen zijn getrokken tussen Ignatius en Don Quichot, welk personage in *A Confederacy of Dunces zou dan* vergeleken kunnen worden met Sancho Panza?

- Als Ignatius zo kritisch is over de moderniteit, waarom denkt u dan dat hij zoveel televisie kijkt?

VERDER LEZEN

REFERENTIE-UITGAVE

Kennedy Toole, J. (1987) *A Confederacy of Dunces*. New York: Grove Weidenfeld.

REFERENTIESTUDIES

Echavarría, M. F. (2009) Las enfermedades mentales según Tomás de Aquino. Sobre las enfermedades (mentales) en sentido estricto. *Abat Oliba CEU Universiteit*. [Online]. [Accessed 15 March 2018]. Beschikbaar vanaf: <http://bdigital.uncu.edu.ar/objetos_digitales/3793/03-echavarria-scripta-v3-n1.pdf>

García, A. (2015) Las incógnitas de 'La conjura de los necios', desveladas. *El País*. [Online]. [Accessed 15 March 2018]. Available from: <http://elpais.com/elpais/2015/07/13/tentaciones/1436779957_391981.html>

Marx, K. (2007) *Economische en filosofische manuscripten van 1844*. Trans. Milligan, M. New York: Dover.

AANBEVOLEN LECTUUR

Boethius, A. (2003) *De troost van de filosofie*. Trans. Watts, V. Londen: Penguin.

*We horen graag van jou! Laat
een reactie achter op jouw online bibliotheek
en deel je favoriete boeken op social media!*

Waarom kiezen voor Must Read?

Kom alles te weten over een boek met onze beknopte en diepgaande samenvattingen en analyses!

Ontdek het beste uit de literatuur in een compleet nieuw licht!

www.50minutes.com

De uitgever garandeert de betrouwbaarheid van de gepubliceerde informatie, die echter niet onder zijn verantwoordelijkheid valt.

www.50minutes.com

Master ISBN: 9782808688413
Papier ISBN: 9782808699815
Wettelijk depot: D/2023/12603/1261

Omslag: © Primento

Digitaal ontwerp: Primento, de digitale partner van uitgevers.